立春《りっしゅん》	
はるかぜ こおりを とく	2/4~2/8ごろ
うぐいす なく	2/9~2/13ごろ
うお こおりを いずる	2/14~2/18ごろ

二十四節気《にじゅうしせっき》
春夏秋冬《しゅんかしゅうとう》で二十四個《にじゅうよんこ》あります。

七十二候《しちじゅうにこう》
二十四節気《にじゅうしせっき》をさらに3《みっ》つにわけて、
3 × 24 = 72 あります。

七十二候《しちじゅうにこう》のおおよその期間《きかん》

❷そして七十二候《しちじゅうにこう》！

七十二候《しちじゅうにこう》とは、
二十四節気《にじゅうしせっき》をさらに3《みっ》つにわけたものです。

七十二候表《しちじゅうにこうひょう》（秋《あき》・冬《ふゆ》）

季節	月	二十四節気	七十二候	期間
秋《あき》	8月《がつ》	立秋《りっしゅう》	すずかぜ いたる	8/7~8/12ごろ
			ひぐらし なく	8/13~8/17ごろ
			ふかき きり まとう	8/18~8/22ごろ
		処暑《しょしょ》	わたの はなしべ ひらく	8/23~8/27ごろ
			てんち はじめて さむし	8/28~9/1ごろ
			こくもの すなわち みのる	9/2~9/7ごろ
	9月《がつ》	白露《はくろ》	くさの つゆ しろし	9/8~9/12ごろ
			せきれい なく	9/13~9/17ごろ
			つばめ さる	9/18~9/22ごろ
		秋分《しゅうぶん》	かみなり すなわち こえを おさむ	9/23~9/27ごろ
			むし かくれて とを ふさぐ	9/28~10/2ごろ
			みず はじめて かるる	10/3~10/7ごろ
	10月《がつ》	寒露《かんろ》	こうがん きたる	10/8~10/12ごろ
			きくの はな ひらく	10/13~10/17ごろ
			きりぎりす とに あり	10/18~10/22ごろ
		霜降《そうこう》	しも はじめて ふる	10/23~10/27ごろ
			こさめ ときどき ふる	10/28~11/1ごろ
			もみじ つた きばむ	11/2~11/6ごろ
冬《ふゆ》	11月《がつ》	立冬《りっとう》	つばき はじめて ひらく	11/7~11/11ごろ
			ち はじめて こおる	11/12~11/16ごろ
			きんせんか さく	11/17~11/21ごろ
		小雪《しょうせつ》	にじ かくれて みえず	11/22~11/27ごろ
			きたのかぜ このはを はらう	11/28~12/2ごろ
			たちばな はじめて きばむ	12/3~12/6ごろ
	12月《がつ》	大雪《たいせつ》	そら さむく ふゆと なる	12/7~12/11ごろ
			くま あなに こもる	12/12~12/15ごろ
			さけのうお むらがる	12/16~12/21ごろ
		冬至《とうじ》	なつかれくさ しょうず	12/22~12/26ごろ
			さわしかの つの おつる	12/27~12/31ごろ
			ゆき わたりて むぎ のびる	1/1~1/5ごろ
	1月《がつ》	小寒《しょうかん》	せりすなわち さかう	1/6~1/9ごろ
			しみず あたたかを ふくむ	1/10~1/14ごろ
			きじ はじめて なく	1/15~1/19ごろ
		大寒《だいかん》	ふきの はな さく	1/20~1/24ごろ
			さわみず こおりつめる	1/25~1/29ごろ
			にわとり はじめて とやに つく	1/30~2/3ごろ

校内放送《こうないほうそう》で役立《やくだ》つ！ 行事《ぎょうじ》のなぞなぞ

❸ 12月《がつ》〜3月《がつ》 行事《ぎょうじ》のなぞなぞ

この本《ほん》は、「行事《ぎょうじ》」を取《と》り上《あ》げて、なぞなぞにしています。
「今日《きょう》はなんの日《ひ》」「七十二候《しちじゅうにこう》」などもなぞなぞで登場《とうじょう》します。
こたえのページでは、それぞれのこたえに関《かか》わる内容《ないよう》をくわしく解説《かいせつ》しています。
校内放送《こうないほうそう》でも役立《やくだ》ちますよ！

もくじ

この本《ほん》の使《つか》い方《かた》

各月《かくつき》に入《はい》っている、なぞなぞの見方《みかた》です。ページをめくるとなぞなぞのこたえがあり、それぞれの解説《かいせつ》があります。

なぞなぞのページ

1月 1.1~1.10
おせち料理《りょうり》
行事のなぞなぞ
新年に年をきかれたと思ったら、うれしいものをもらった。さて、なにをもらった？
七十二候なぞなぞ
雪の下で、パンやうどん、お茶やお酒にへんしんするものがあらわれるころです。
今日はなんの日なぞなぞ
1月10日は、悪い人がきらいな数字の日です。さて、なんの日？
メッセージなぞなぞ

ひと月《つき》を10日間《とおかかん》に分《わ》けて区切《くぎ》っています。

その月《つき》の上《じょう》・中《ちゅう》・下旬《げじゅん》ごとにおもな行事《ぎょうじ》を紹介《しょうかい》します。

紹介《しょうかい》している行事《じ》に関係《かんけい》したなぞなぞです。右《みぎ》の文《ぶん》を読《よ》むとヒントにもなります。

明《あか》るく元気《げんき》な気《き》持《も》ちになれる言《こと》葉《ば》をなぞなぞでおくります。

一年《いちねん》を72に細《こま》かくわけて、きせつの変化《へんか》をあらわすこよみ「七十二候《しちじゅうにこう》」にまつわるものをなぞなぞにしています。

その期間《きかん》にある記念日《きねんび》や祝日《しゅくじつ》をなぞなぞにしています。

こたえのページ

1月 1.1~1.10
おせち料理
行事のなぞなぞ こたえ お年玉
メッセージなぞなぞ こたえ 誇り（ホコリ）
七十二候なぞなぞ こたえ 麦
今日はなんの日なぞなぞ こたえ 110番の日
110

こたえを見《み》て、また前《まえ》のページにもどって読《よ》んでください。

行事《ぎょうじ》に関係《かんけい》したこたえになっています。そのこたえについてくわしく解説《かいせつ》しています。

その期間《きかん》の自然《しぜん》の変化《へんか》をあらわすものをくわしく説明《せつめい》しています。

記念日《きねんび》や祝日《しゅくじつ》のくわしい説明《せつめい》を知《し》ることができます。

12月《がつ》 12.1~12.10

大雪《たいせつ》

一《いち》年《ねん》の最後《さいご》の月《つき》になり、冬将軍《ふゆしょうぐん》のおとずれを感《かん》じるころです。暦《こよみ》のうえでむかえるのが大雪《たいせつ》です。二十四節気《にじゅうしせっき》（立春《りっしゅん》・春分《しゅんぶん》などのきせつをあらわす言葉《ことば》）のひとつで、「たいせつ」と読《よ》みます。このころになると雪《ゆき》がふりはじめて、言葉《ことば》どおり大雪《おおゆき》になる地方《ちほう》もあります。

行事《ぎょうじ》のなぞなぞ

寒《さむ》い日《ひ》に
あらわれて、
部屋《へや》に入《い》れると、
たちまち
とける
丸顔《まるがお》さんは、
なーに？

今日《きょう》はなんの日《ひ》なぞなぞ

12月1日《がつついたち》は、
まっ暗《くら》な
部屋《へや》の中《なか》で、影《かげ》を
見《み》るところの日《ひ》。
さて、どこでしょう？

七十二候《しちじゅうにこう》なぞなぞ

かんむりの下《した》に
ハエがかくれて
いるところが
寒《さむ》くなるころです。
どこのこと？

メッセージなぞなぞ

見《み》えないけど、読《よ》むことばかり考《かんが》えて
いては疲《つか》れるから、やめたいもの、なーに？

12月《がつ》 12.1~12.10 大雪《たいせつ》

行事《ぎょうじ》のなぞなぞ こたえ 雪《ゆき》だるま

冬《ふゆ》に見《み》かけるもので、家《いえ》の中《なか》ではとけてしまうとすると、雪《ゆき》か氷《こおり》が考《かんが》えられます。それが丸顔《まるがお》なので、こたえは、雪《ゆき》だるまです。

解説《かいせつ》 雪《ゆき》だるまは、雪《ゆき》を丸《まる》めて大《おお》きくして、大《だい》小二《しょうふた》つの玉《たま》をかさねて、作《つく》ります。木炭《もくたん》やいろいろなもので顔《かお》を作《つく》ることもあります。１９９２年《ねん》に山形県《やまがたけん》の大蔵村《おおくらむら》では、高《たか》さ29・43メートルの雪《ゆき》だるまを作《つく》りました。この記録《きろく》はギネスブックにも登録《とうろく》されました。

メッセージなぞなぞ こたえ 空気《くうき》

今日《きょう》はなんの日《ひ》なぞなぞ こたえ 映画《えいが》の日《ひ》

部屋《へや》の中《なか》が暗《くら》くなっているけれど、影《かげ》を見《み》るので、光《ひかり》もあるということがわかります。まっ暗《くら》な中《なか》に光《ひかり》が影《かげ》を映《うつ》しだしているところは、映画館《えいがかん》です。

解説《かいせつ》 １８９６年《ねん》11月《がつ》25日《にち》から12月《がつ》1日《ついたち》の期間《きかん》に、神戸《こうべ》でエジソンが発明《はつめい》した装置《そうち》を使《つか》って、日本《にほん》で初《はじ》めて映画《えいが》が上映《じょうえい》されました。その後《ご》、１９５６年《ねん》に映画《えいが》の一般公開《いっぱんこうかい》60周年《しゅうねん》を記念《きねん》して、一般社団法人《いっぱんしゃだんほうじん》映画《えいが》産業団体《さんぎょうだんたい》連合会《れんごうかい》が、12月《がつ》1日《ついたち》を映画《えいが》の日《ひ》と定《さだ》めました。

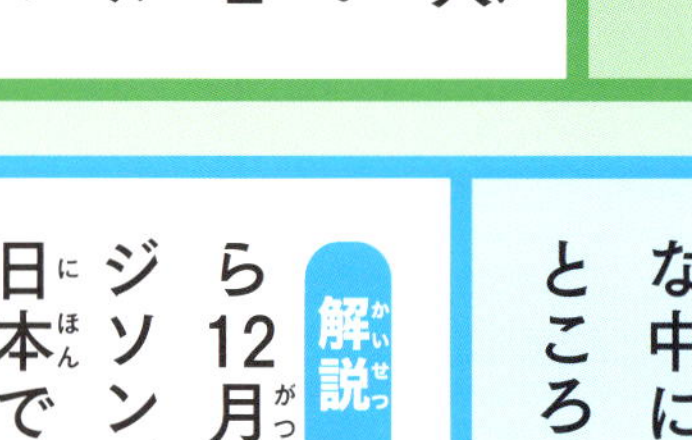

七十二《しちじゅうに》候《こう》なぞなぞ こたえ 空《そら》

「ハエ」と言《い》う文字《もじ》を思《おも》いえがいてみましょう。タテに書《か》いて、うかんむりをのせたら、こたえは「空《そら》」です。

解説《かいせつ》 12月《がつ》7日《なのか》~12月《がつ》11日《にち》のころは、七十二《しちじゅうに》候《こう》で「そらさむくふゆとなる」といいます。初《しょ》冬《とう》からいよいよ冬《ふゆ》の中間《ちゅうかん》に入《はい》ってきたという意味《いみ》です。寒《さむ》さがよりきびしさをましてきます。

12月《がつ》
12.11~12.20

大《おお》そうじ

年《とし》の終《お》わりに、家《いえ》や部屋《へや》をきれいにする大《おお》そうじ。もともと平安時代《へいあんじだい》から「すすはらい」として伝《つた》わっていた行事《ぎょうじ》が、江《え》戸《ど》時代《じだい》になって12月《がつ》13日《にち》に江戸城《えどじょう》のすすはらいとして、大《おお》そうじをしたことで、一般的《いっぱんてき》になりました。大《おお》そうじは12月《がつ》13日《にち》から28日《にち》の間《あいだ》にすませるのがよいとされています。

行事《ぎょうじ》のなぞなぞ

びしょびしょにされ、
ぎゅうぎゅう
しぼられ、
ごしごし
よごれを
つけられても、
役《やく》に立《た》つもの、
なーんだ？

七十二候《しちじゅうにこう》なぞなぞ

12月《がつ》16日《にち》ごろから、
流《なが》れにさからって、
なにかがふるさとに
帰《かえ》ってくる。
さて、なにが
帰《かえ》ってくる？

今日《きょう》はなんの日《ひ》なぞなぞ

12月《がつ》12日《にち》は、
読《よ》み方《かた》がいろいろ、
でも順番《じゅんばん》はひとつの日《ひ》。
さて、なんの日《ひ》？

メッセージなぞなぞ

いつでもお祭《まつ》りに着《き》て行《い》く
気分《きぶん》になることって、なーに？

大《おお》そうじ

行事《ぎょうじ》のなぞなぞ こたえ

ぞうきん

ぬらされて、きつくしぼられるもののようです。そしてよごれて役《やく》に立《た》つもの。すべて合《あ》わせて考《かんが》えれば、こたえは、ぞうきんです。

解説《かいせつ》 大《おお》そうじのとき、どうしても欠《か》かせないものがぞうきんです。一般《いっぱん》にぞうきんとは、よごれたものや場所《ばしょ》をふくための布《ぬの》のことをいいます。大《おお》むかしは、棒《ぼう》につけて使《つか》うモップのような形《かたち》をしていたと考《かんが》えられています。

メッセージなぞなぞ こたえ

ハッピー（法被《はっぴ》）

七十二候《しちじゅうにこう》なぞなぞ こたえ

鮭《さけ》

年末《ねんまつ》は帰省《きせい》のシーズンですが、「流《なが》れにさからって」は「川《かわ》」のこと。川《かわ》をのぼって生《う》まれたところに帰《かえ》ってくるといえば、こたえは鮭《さけ》です。

解説《かいせつ》 12月《がつ》16日《にち》ごろからは、七十二候《しちじゅうにこう》で「さけのうおむらがる」といい、海《うみ》で育《そだ》った鮭《さけ》が、卵《たまご》を産《う》むために生《う》まれた川《かわ》に帰《かえ》ってくるころをあらわしています。鮭《さけ》はにおいで生《う》まれた川《かわ》がわかると考《かんが》えられていますが、実際《じっさい》はいくつもの方法《ほうほう》を組《く》み合《あ》わせているのではといわれています。

今日《きょう》はなんの日《ひ》なぞなぞ こたえ

漢字《かんじ》の日《ひ》

「読《よ》み方《かた》」を考《かんが》えてみると文字《もじ》が思《おも》いうかびます。いろいろな読《よ》み方《かた》があり、順番《じゅんばん》を書《か》き順《じゅん》とすれば、こたえは、漢字《かんじ》です。

解説《かいせつ》 「いい字《じ》一字《いちじ》」＝「いい（1）じ（2）いち（1）じ（2）」のごろ合《あ》わせから、公益財団法人日本漢字能力検定協会《こうえきざいだんほうじんにほんかんじのうりょくけんていきょうかい》が、1995年《ねん》に12月《がつ》12日《にち》を漢字《かんじ》の日《ひ》と定《さだ》めました。毎年《まいとし》「いい字《じ》」を「一字《いちじ》」は、漢字《かんじ》をおぼえてほしいというねがいがこめられています。

12月《がつ》 12.21~12.31 クリスマス

年《とし》の暮《く》れのお楽《たの》しみは、クリスマスです。クリスマスは、キリストとミサが合《あ》わさってできた言葉《ことば》で、イエスキリストの誕生日《たんじょうび》を祝《いわ》う、お祭《まつ》りの日《ひ》とされています。クリスマスツリーは、モミの木《き》など、冬《ふゆ》になっても緑《みどり》の常緑樹《じょうりょくじゅ》を使《つか》い、神《かみ》の永遠《えいえん》の愛《あい》やキリストの永遠《えいえん》の生命《せいめい》をあらわしています。

行事《ぎょうじ》のなぞなぞ

12月《がつ》24日《か》の夜《よる》、おじいさんが世界中《せかいじゅう》の子《こ》どもがいる家《いえ》でさがしているもの、なーんだ？

きせつなぞなぞ

年《とし》の暮《く》れにみそラーメンを食《た》べたらおどろかれました。どうしてでしょう？

今日《きょう》はなんの日《ひ》なぞなぞ

12月《がつ》22日《にち》は、深呼吸《しんこきゅう》してから思《おも》わずふきだしちゃう、おいしい飲《の》み物《もの》の日《ひ》です。さて、なんの日《ひ》？

メッセージなぞなぞ

一度《いちど》の失敗《しっぱい》でクヨクヨしてると弱気《よわき》の「目《め》」が出《で》てくる。これって、なーに？

クリスマス

行事《ぎょうじ》のなぞなぞ こたえ くつした

12月《がつ》24日《か》とおじいさんで、すぐに思《おも》いうかぶのは、サンタクロースです。サンタさんは家《いえ》に入《はい》ると使《つか》うものがありますね。こたえは、くつしたです。

解説《かいせつ》 くつしたはクツの中《なか》ではいているのに、なぜ「くつ中《なか》」と言《い》わないで、くつした（下《した》）というのでしょう？ それは「下《した》」という言葉《ことば》には、内側《うちがわ》をあらわす場合《ばあい》があるからです。つまりクツの内側《うちがわ》という意味《いみ》から、くつしたとよばれているのです。

メッセージなぞなぞ こたえ あきらめ（目《め》）

きせつなぞなぞ こたえ 大晦日《おおみそか》（おーみそか！）

年《とし》の暮《く》れがポイントになります。こたえは、その日《ひ》をそのままいって「大晦日《おおみそか》＝おーみそか！」となります。

解説《かいせつ》 12月《がつ》31日《にち》を大晦日《おおみそか》といいます。明治時代《めいじじだい》の初頭《しょとう》まで使《つか》われていたこよみでは、毎月《まいつき》の最後《さいご》の日《ひ》を「晦日《みそか》」といっていました。12月《がつ》31日《にち》は、一年《いちねん》で最後《さいご》の晦日《みそか》なので、大晦日《おおみそか》とよばれています。

今日《きょう》はなんの日《ひ》なぞなぞ こたえ スープの日《ひ》

深呼吸《しんこきゅう》で「スー」、ふきだしちゃって「プ」で、こたえはスープの日《ひ》です。

解説《かいせつ》 「いっ（12）もフーフー（22）」のごろ合《あ》わせで、1980年《ねん》に日本《にほん》スープ協会《きょうかい》が12月《がつ》22日《にち》をスープの日《ひ》と制定《せいてい》しました。たくさんの人《ひと》にスープに興味《きょうみ》を持《も》ってもらうことをめざしています。

1月《がつ》 1.1~1.10

おせち料理《りょうり》

お正月《しょうがつ》の食卓《しょくたく》をかざるおせち料理《りょうり》。もともとは、お正月《しょうがつ》だけでなく、季節《きせつ》の節《ふし》目《め》を祝《いわ》う特別《とくべつ》な料理《りょうり》のことで、農作物《のうさくぶつ》の豊作《ほうさく》や子孫繁栄《しそんはんえい》、無病息災《むびょうそくさい》を祈《いの》るねがいがこめられています。重箱《じゅうばこ》につめるのは「めでたさを重《かさ》ねる」という意味《いみ》があります。新年《しんねん》の始《はじ》まりをはなやかにお祝《いわ》いするごちそうです。

行事《ぎょうじ》のなぞなぞ

新年《しんねん》に
年《とし》をきかれたと
思《おも》ったら、
うれしいものを
もらった。
さて、なにを
もらった？

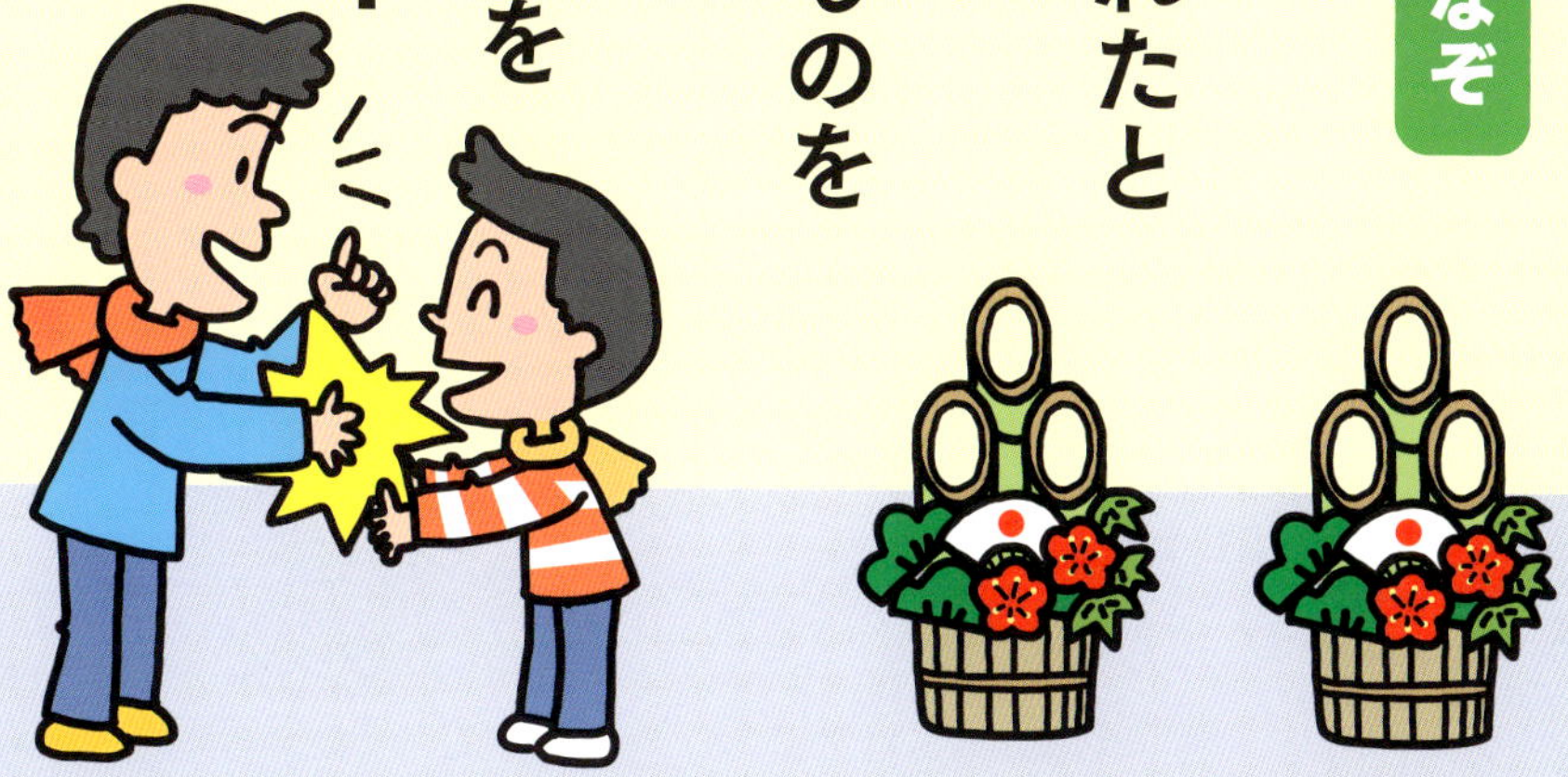

今日《きょう》はなんの日《ひ》なぞなぞ

1月10日《がつとおか》は、
悪《わる》い人《ひと》がきらいな
数字《すうじ》の日《ひ》です。
さて、なんの日《ひ》？

七十二候《しちじゅうにこう》なぞなぞ

雪《ゆき》の下《した》で、
パンやうどん、
お茶《ちゃ》やお酒《さけ》に
へんしん
するものが
あらわれるころです。

メッセージなぞなぞ

まいあがったら困《こま》るけど、持《も》って
おきたいものってなーに？

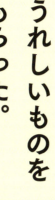

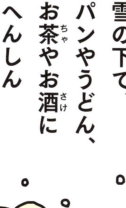

おせち料理《りょうり》

行事《ぎょうじ》のなぞなぞ　こたえ　お年玉《としだま》

年《ねん》れいをきかれるとき、「お年《とし》は」ときかれませんか？　そして新年《しんねん》にもらってうれしいものは、お年玉《としだま》です。

解説《かいせつ》　お年玉《としだま》は、年《とし》の暮《く》れに家《いえ》にまつられた神様《かみさま》におそなえした丸《まる》もちを、家族《かぞく》にわけあたえたものだったという説《せつ》があります。それが昭《しょう》和時代《わじだい》に、おもちをついて神様《かみさま》にそなえることが少《すく》なくなり、代《か》わりにお金《かね》になったといわれています。

メッセージなぞなぞ　こたえ

誇《ほこ》り（ホコリ）

今日《きょう》はなんの日《ひ》なぞなぞ　こたえ　１１０番《ばん》の日《ひ》

悪《わる》い人《ひと》が恐《おそ》れているのはなんでしょう？　警察《けいさつ》ですね。そこに関《かか》わる番号《ばんごう》といえば１１０番《ばん》！

解説《かいせつ》　１１０番《ばん》を日付《ひづけ》にあてはめると、1月10日《がつとおか》ということで、１９８５年《ねん》に警視庁《けいしちょう》が制定《せいてい》しました。１１０番《ばん》で通報《つうほう》する制度《せいど》ができたのは１９４８年《ねん》です。１１０番通報《ばんつうほう》の大切《たいせつ》さと正《ただ》しい利用《りよう》をよびかけています。

七十二候《しちじゅうにこう》なぞなぞ　こたえ　麦《むぎ》

雪《ゆき》がつもった畑《はたけ》の下《した》で、パンやうどん、お茶《ちゃ》やお酒《さけ》にへんしん、つまり原料《げんりょう》になるものと、考《かんが》えればこたえは、麦《むぎ》になります。

解説《かいせつ》　1月1日《がつついたち》～1月5日《がついつか》のころは、七十二候《しちじゅうにこう》で「ゆきわれてむぎのびる」といって、一面《いちめん》が雪《ゆき》でおおわれていても、その下《した》では麦《むぎ》がめぶいているという意味《いみ》です。きびしい寒《さむ》さにたえ、春《はる》を待《ま》っているのですね。

1月《がつ》

1.11~1.20

書《か》き初《ぞ》め

行事《ぎょうじ》のなぞなぞ

茶《ちゃ》パツや
白髪《しらが》を
まっ黒《くろ》にそめて、
紙《かみ》の上《うえ》で
さかだちして
はたらくもの、
なーんだ?

書《か》き初《ぞ》めは、平安時代《へいあんじだい》の行事《ぎょうじ》が始《はじ》まりとされています。それが江戸時代《えどじだい》になると、新年《しんねん》に字《じ》を書《か》く行事《ぎょうじ》として広《ひろ》まりました。書《か》き初《ぞ》めは、1月《がつ》2日《ふつか》におこなうとされていますが、1月《がつ》15日《にち》までに書《か》くことをさしています。学校《がっこう》の授業《じゅぎょう》でおこなわれることも多《おお》くなっています。

きせつなぞなぞ

異星人《いせいじん》が
頭《あたま》をカットして、
お祝《いわ》いする式《しき》って、
なーに?

今日《きょう》はなんの日《ひ》なぞなぞ

1月《がつ》12日《にち》は、
どんな人《ひと》にも、
モテモテな
冬《ふゆ》のスポーツの
日《ひ》です。
さて、なんの日《ひ》?

メッセージなぞなぞ

どうせ振《ふ》り返《かえ》っても見《み》えないなら、
時間《じかん》のムダなものだ!

書《か》き初《ぞ》め

行事《ぎょうじ》のなぞなぞ

茶《ちゃ》パツや白《しろ》い毛《け》を黒《くろ》くして、頭《あたま》を下《した》にして紙《かみ》になにかをするものと考《かんが》えれば、こたえは筆《ふで》です。

こたえ **筆《ふで》**

解説《かいせつ》 日本《にほん》で最初《さいしょ》に作《つく》られた筆《ふで》は、奈良筆《ならふで》といわれています。平安時代《へいあんじだい》に空海《くうかい》が中国《ちゅうごく》に渡《わた》り、筆作《ふでづく》りの技術《ぎじゅつ》を持《も》ち帰《かえ》りました。それを大和国《やまとのくに》（現在《げんざい》の奈良県《ならけん》）の坂名井清川《さかないのきよかわ》に伝《つた》えたのが奈良《なら》筆《ふで》の始《はじ》まりです。

メッセージなぞなぞ

こたえ **過去《かこ》**

きせつなぞなぞ

異星人《いせいじん》の頭《あたま》をカットすると、星人《せいじん》になります。星人《せいじん》＝成人《せいじん》で、こたえは成人式《せいじんしき》です。

こたえ **成人式《せいじんしき》**

解説《かいせつ》 成人式《せいじんしき》の始《はじ》まりは、1946年《ねん》に埼玉県蕨市《さいたまけんわらびし》でおこなわれた「青年祭《せいねんさい》」で、1948年《ねん》に「成人《せいじん》の日《ひ》」が、国民《こくみん》の祝日《しゅくじつ》と定《さだ》められ、「成人《せいじん》の式《しき》」としておこなわれるようになりました。目的《もくてき》は「大人《おとな》になったことを自覚《じかく》し、自《みずか》ら生《い》きぬこうとする青年《せいねん》を祝《いわ》い励《はげ》ます」というものです。

今日《きょう》はなんの日《ひ》なぞなぞ

こたえ **スキーの日《ひ》**

モテモテで思《おも》いうかぶ言葉《ことば》は「スキ」という言葉《ことば》です。冬《ふゆ》のスポーツに結《むす》びつければ、こたえは、スキーです。

解説《かいせつ》 1911年《ねん》1月《がつ》12日《にち》に、新潟県《にいがたけん》の上越市《じょうえつし》でオーストリア・ハンガリー帝国《ていこく》（当時《とうじ》）の軍人《ぐんじん》、テオドール・エドラー・フォン・レルヒ少佐《しょうさ》が、日本《にほん》で最初《さいしょ》にスキーを指導《しどう》しました。そこで2003年《ねん》に全国《ぜんこく》のスキー関連団体《かんれんだんたい》が、この日《ひ》をスキーの日《ひ》に定《さだ》めました。

1月《がつ》
1.21~1.31

初天神《はつてんじん》

縁《えん》日《にち》で食《た》べ物《もの》をねだる子《こ》と、お金《かね》を使《つか》いたくないお父《とう》さんの、ゆかいなやりとりが楽《たの》しい落語《らくご》の演目《えんもく》に「初天神《はつてんじん》」があります。毎月《まいつき》25日《にち》に、学問《がくもん》の神様《かみさま》といわれる菅原道真《すがわらのみちざね》（天神様《てんじんさま》）をまつっている神社《じんじゃ》で、縁日《えんにち》や骨董市《こっとういち》が開《ひら》かれます。特《とく》に1月《がつ》25日《にち》はその年最初《としさいしょ》の天神様《てんじんさま》の日《ひ》なので、「初天《はってん》神《じん》」と呼《よ》ばれています。

行事《ぎょうじ》のなぞなぞ

神社《じんじゃ》に行《い》くと
クルクル
まわって、
出《で》むかえてくれる
名《めい》コンビの
名前《なまえ》って、
なーに？

きせつなぞなぞ

みんなから
すすめられる
花《はな》って、なーに？

今日《きょう》はなんの日《ひ》なぞなぞ

1月《がつ》22日《にち》は、
お水《みず》とスプーンが
おともして、舌《した》が
ピリッとするのに、
みんなが大好《だいす》きな
食《た》べ物《もの》の日《ひ》。
さて、なんの日《ひ》？

メッセージなぞなぞ

ゆれに強《つよ》い心《こころ》で
持《も》ちたいものってなーんだ？

初天神《はつてんじん》

行事《ぎょうじ》のなぞなぞ

いつも神社《じんじゃ》で出《で》むかえてくれるコンビ、そしてクルクル回《まわ》るものがヒントです。こたえは、狛《こま》犬《いぬ》です。

こたえ 狛犬《こまいぬ》

解説《かいせつ》 狛犬《こまいぬ》は神社《じんじゃ》の拝殿《はいでん》の前《まえ》や参道《さんどう》の両脇《りょうわき》に置《お》かれている、二《ふた》つの像《ぞう》です。邪気《じゃき》をはらい、神前《しんぜん》を守護《しゅご》する意味《いみ》を持《も》っています。一般的《いっぱんてき》に神社《じんじゃ》に向《む》かって右側《みぎがわ》が「阿形《あけい》」で口《くち》を開《あ》けていて、左側《ひだりがわ》が「吽形《うんけい》」で口《くち》を閉《と》じています（例外《れいがい》もあります）。

メッセージなぞなぞ

こたえ 自信《じしん》（地震《じしん》）

きせつなぞなぞ

人《ひと》からすすめられることを、別《べつ》の言《い》い方《かた》で考《かんが》えてみましょう。答《こた》えは推薦《すいせん》＝水仙《すいせん》です。

こたえ 水仙《すいせん》（推薦《すいせん》）

解説《かいせつ》 冬《ふゆ》に咲《さ》く貴重《きちょう》な花《はな》の水《すい》仙《せん》は、俳句《はいく》で冬《ふゆ》の季語《きご》にもなっています。ヨーロッパ、地中海《ちちゅうかい》沿岸《えんがん》、北《きた》アフリカ、アジアに分《ぶん》布《ぷ》するヒガンバナ科《か》の球根植物《きゅうこんしょくぶつ》です。花《はな》の色《いろ》は白《しろ》や黄色《きいろ》で、大《おお》きさは直径《ちょっけい》が1cmのものから、5cmをこえるものまであります。

今日《きょう》はなんの日《ひ》なぞなぞ

水《みず》とスプーンがつきものです。さらに舌《した》がピリッとする。つまりからいもの。こたえはカレーです。

こたえ カレーの日《ひ》

解説《かいせつ》 1982年《ねん》に、子《こ》どもたちに人気《にんき》の高《たか》いカレーを、全国《ぜんこく》の学校給食《がっこうきゅうしょく》にとりいれようとよびかけられ、それにちなんで、全日本《ぜんにほん》カレー工業協同組合《こうぎょうきょうどうくみあい》が1月《がつ》22日《にち》をカレーの日《ひ》に定《さだ》めました。

きせつの４コマなぞなぞ

12月《がつ》・1月《がつ》は、冬休《ふゆやす》みが始《はじ》まって、楽《たの》しいイベントがたくさんありますね。そして新《あたら》しい年《とし》もやってきます。この時期《じき》に関係《かんけい》ある問題《もんだい》も、まだまだありますよ。寒《さむ》さにも、この問題《もんだい》にも負《ま》けないで考《かんが》えてみてください。

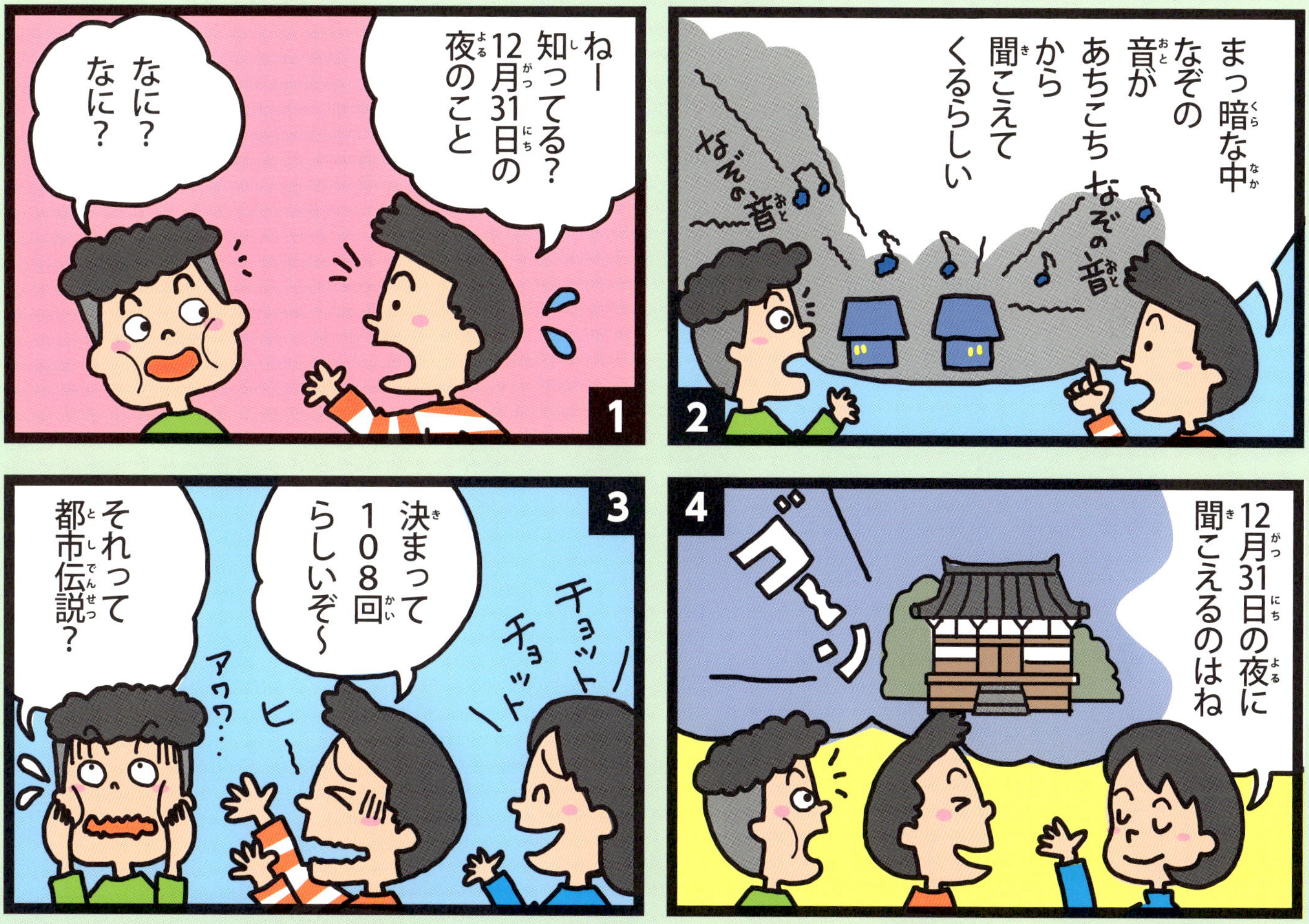

まだまだあるよ！

今日《きょう》はなんの日《ひ》なぞなぞ❶

12月《がつ》21日《にち》は、
さかだちをしても意味《いみ》が
変《か》わらないものの日《ひ》。
さて、なんの日《ひ》？

まだまだあるよ！

今日《きょう》はなんの日《ひ》なぞなぞ❷

1月《がつ》3日《みっか》は、相手《あいて》より
早《はや》く札《ふだ》を取《と》る
ゲームを始《はじ》める日《ひ》。
さて、なんの日《ひ》？

きせつの4コマなぞなぞこたえ

こたえ **除夜《じょや》の鐘《かね》**

12月《がつ》31日《にち》しか聞《き》こえない。108回《かい》聞《き》こえる音《おと》。ヒントを推理《すいり》すれば、この音《おと》の正体《しょうたい》がわかります。

解説《かいせつ》

除夜《じょや》の鐘《かね》の除夜《じょや》は大晦日《おおみそか》のことです。多《おお》くのお寺《てら》では一年《いちねん》の感謝《かんしゃ》の気持《きも》ちをあらわす、最後《さいご》の法要《ほうよう》をおこないます。除夜《じょや》の鐘《かね》を鳴《な》らすのも、新《あたら》しい年《とし》に引《ひ》き継《つ》ぐ大切《たいせつ》な儀式《ぎしき》です。108回《かい》つくのは、人《ひと》の心《こころ》にあるけがれ、「ぼんのう」をはらうためです。

まだまだあるよ！

今日《きょう》はなんの日《ひ》なぞなぞ❶のこたえ

回文《かいぶん》の日《ひ》

さかだちをさかさまで考《かんが》えます。意味《いみ》をあらわすものは文章《ぶんしょう》です。さかさまで意味《いみ》が同《おな》じ文章《ぶんしょう》は、回文《かいぶん》ですね。

解説《かいせつ》

12月《がつ》21日《にち》は回文《かいぶん》の日《ひ》です。数字《すうじ》の並《なら》びが、さかさまに読《よ》んでも同《おな》じことから、回《かい》文《ぶん》で俳句《はいく》を作《つく》る、宮崎二健《みやざきじけん》さんが定《さだ》めました。

まだまだあるよ！

今日《きょう》はなんの日《ひ》なぞなぞ❷のこたえ

かるた始《はじ》め式《しき》の日《ひ》

相手《あいて》とのスピードの勝負《しょうぶ》で、札《ふだ》を取《と》るで思《おも》いうかぶのは、百人一首《ひゃくにんいっしゅ》。1月《がつ》3日《みっか》はかるた始《はじ》め式《しき》の日《ひ》です。

解説《かいせつ》

京都市東山区《きょうとしひがしやまく》の八坂神社《やさかじんじゃ》にまつられている「素戔嗚尊《すさのおのみこと》」が、日本《にほん》で最初《さいしょ》に和歌《わか》をよんだという言《い》い伝《つた》えがあり、それにちなみ、かるた愛好家《あいこうか》の団体《だんたい》によって、毎年《まいとし》1月《がつ》3日《みっか》におこなわれているイベントがかるた始《はじ》め式《しき》です。

2月《がつ》

2.1~2.10

節分《せつぶん》

2月《がつ》の行事《ぎょうじ》といえば、節分《せつぶん》。「一年《いちねん》を健康《けんこう》にすごせるように」というねがいをこめて、「ふくはうち、おにはそと」と、悪《わる》いものを追《お》いはらう行事《ぎょうじ》です。いわしをかざったり、食《た》べたりするならわしもありますが、最近《さいきん》ではその年《とし》の恵方《えほう》をむいて巻《ま》きずしを食《た》べる風習《ふうしゅう》が広《ひろ》まっています。

行事《ぎょうじ》のなぞなぞ

気《き》がきいて、よく動《うご》く人《ひと》が作《つく》った農作物《のうさくぶつ》って、な～んだ？

今日《きょう》はなんの日《ひ》なぞなぞ

2月6日《がつむいか》は、音楽《おんがく》に合《あ》わせて体《からだ》を動《うご》かしている人《ひと》がなってしまう食《た》べ物《もの》の日《ひ》です。さてなんの日《ひ》。

七十二候《しちじゅうにこう》なぞなぞ

氷《こおり》をとかしに、なにかがとおくからくるころです。さてなにがくる？

メッセージなぞなぞ

用意《ようい》しておけば、きっと役《やく》に立《た》つ道《みち》ってなんだろう？

節分《せつぶん》

行事《ぎょうじ》のなぞなぞ こたえ 豆《まめ》

気《き》がきいて、よくはたらく人《ひと》のことを「マメな人《ひと》」といいます。そんな人《ひと》が作《つく》った農作物《のうさくぶつ》なら、こたえは出《で》ていますね。

解説《かいせつ》 豆《まめ》とはマメ科《か》の作物《さくもつ》のことです。ひとつのサヤに1~12粒《つぶ》の豆《まめ》が入《はい》っています。世界《せかい》中《じゅう》で1万《まん》8000種類《しゅるい》もありますが、食《た》べられるものは、70~80種類《しゅるい》といわれています。節分《せつぶん》でまく豆《まめ》は大豆《だいず》が一般的《いっぱんてき》ですが、地方《ちほう》によっては落花生《らっかせい》を使《つか》うところもあります。

メッセージなぞなぞ こたえ 逃《に》げ道《みち》

今日《きょう》はなんの日《ひ》なぞなぞ こたえ のりの日《ひ》

音楽《おんがく》に合《あ》わせておどっている人《ひと》のようすを、「ノリノリ」といいますよね。あとは食《た》べ物《もの》ですから、こたえはのりです。

解説《かいせつ》 のりはむかしはとても貴重《きちょう》な食《た》べ物《もの》でした。そこで全国《ぜんこく》海苔《のり》貝類《かいるい》漁業《ぎょぎょう》協同《きょうどう》組合《くみあい》連合会《れんごうかい》が「海《うみ》からのおくりものである、のりに対《たい》する感謝《かんしゃ》の気持《きも》ちをこめて」2月《がつ》6日《むいか》をのりの日《ひ》と定《さだ》めました。由来《ゆらい》は、日本《にほん》最初《さいしょ》の法律《ほうりつ》、「大宝《たいほう》律令《りつりょう》」が施行《しこう》されたのが2月《がつ》6日《むいか》で、そこにのりのことがのっているからです。

七十二候《しちじゅうにこう》なぞなぞ こたえ はるかぜ

氷《こおり》がとけるということは、あたたかいということです。あたたかいものがとおくから来《く》ることを、ふいてくると考《かんが》えて、こたえは「はるかぜ」です。

解説《かいせつ》 2月《がつ》4日《よっか》~2月《がつ》8日《ようか》のころは、七十二候《しちじゅうにこう》で「はるかぜこおりをとく」といいます。東《ひがし》からふくあたたかい春《はる》を思《おも》わせる風《かぜ》が、池《いけ》や川《かわ》にはった氷《こおり》をとかしはじめるころという意味《いみ》です。

2月《がつ》 2.11~2.20

バレンタインデー

西《せい》洋《よう》でバレンタインデーは、聖《せい》ヴァレンタインという人《ひと》にお祈《いの》りをする日《ひ》でした。その後《ご》、14世紀《せいき》ごろから恋愛《れんあい》に関《かか》わる行事《ぎょうじ》に変《か》わりました。そして1958年《ねん》ごろから日本《にほん》でも知《し》られるようになりました。バレンタインデーにチョコレートをおくるのは、日本《にほん》だけの風習《ふうしゅう》です。

行事《ぎょうじ》のなぞなぞ

告白《こくはく》するとき、ほんの少《すこ》しだけプレゼントする食《た》べ物《もの》って、なーに？

きせつなぞなぞ

黒《くろ》いものをいつもあずけてくる花《はな》って、なーに？

今日《きょう》はなんの日《ひ》なぞなぞ

2月《がつ》20日《はつか》は、男《おとこ》の人《ひと》と女《おんな》の人《ひと》が、なかよく手《て》をつないで息《いき》をきらせて走《はし》る日《ひ》です。さて、なんの日《ひ》？

メッセージなぞなぞ

過去《かこ》とも未来《みらい》ともちがうから大切《たいせつ》なときってなんだ？

バレンタインデー

行事《ぎょうじ》のなぞなぞ こたえ チョコレート

「ほんの少《すこ》し」をいいかえると「ちょこっと」になります。「ちょこっと」と告白《こくはく》を考《かんが》え合《あ》わせれば、こたえは、チョコレートです。

解説《かいせつ》 チョコレートは、カカオ豆《まめ》を、発酵《はっこう》させたり、熱《ねつ》で乾燥《かんそう》（焙煎《ばいせん》）させたりしたものを、すりつぶして砂糖《さとう》やカカオ豆《まめ》の脂肪分《しぼうぶん》をねり合《あ》わせて作《つく》ります。チョコレートは、もともと飲《の》み物《もの》でしたが、1847年《ねん》にイギリスで作《つく》りかたが発明《はつめい》され、今《いま》の固《かた》まった食《た》べ物《もの》のチョコレートになりました。1958年《ねん》に株式会社《かぶしきがいしゃ》メリーチョコレートカムパニーが、東京《とうきょう》のデパートの伊勢丹新宿店《いせたんしんじゅくてん》でバレンタインデーにチョコレートを販《はん》売《ばい》したとき、売《う》り上《あ》げはわずか170円《えん》だったようです。

メッセージなぞなぞ こたえ 今《いま》

きせつなぞなぞ こたえ クロッカス（黒貸《くろか》す）

あずけるとは貸《か》すといいかえることができます。「貸《か》す」と「黒《くろ》」が合《あ》わさった花《はな》なら、こたえは、「黒貸《くろか》す」でクロッカスです。

解説《かいせつ》 クロッカスは球根栽培《きゅうこんさいばい》できる多年生植物《たねんせいしょくぶつ》です。日本《にほん》での別名《べつめい》は花《はな》サフランといいます。2月《がつ》から4月《がつ》に咲《さ》くものを春咲《はるさ》きサフランといい、紫《むらさき》、黄色《きいろ》、白《しろ》などの花《はな》を咲《さ》かせます。俳句《はいく》では、2月《がつ》の季語《きご》になっています。

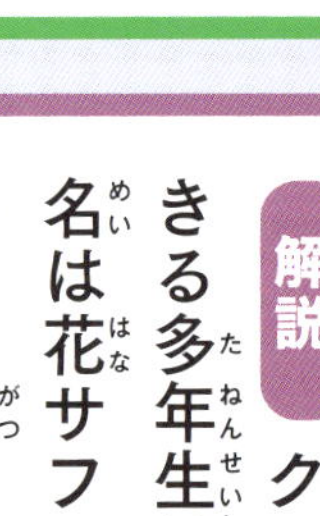

今日《きょう》はなんの日《ひ》なぞなぞ こたえ 夫婦円満《ふうふえんまん》の日《ひ》

仲《なか》が良《よ》いことを「円満《えんまん》」といいます。息《いき》を切《き》らすと「フーフー」します。この音《おと》と考《かんが》え合《あ》わせれば、こたえは、夫婦《ふうふ》＝フーフー円満《えんまん》の日《ひ》。

解説《かいせつ》 2月20日《がつはつか》は夫婦円満《ふうふえんまん》の日《ひ》です。「ふう（2）ふ（2）円《えん》（0）満《まん》」の、ごろ合《あ》わせからきています。お茶《ちゃ》を販売《はんばい》する株式会社宇治田原製茶場《かぶしきがいしゃうじたわらせいちゃじょう》が定《さだ》めました。お茶《ちゃ》を飲《の》んで夫婦円満《ふうふえんまん》に暮《く》らしてほしいとのねがいがこめられています。

2月《がつ》 2.21~2.29

うるう年《どし》

うるう年《どし》は一年《いちねん》が366日《にち》になる年《とし》のことです。地球《ちきゅう》は太陽《たいよう》のまわりを365日《にち》と6時間《じかん》かけて一周《いっしゅう》しますが、こよみは、一年《いちねん》を365日《にち》で作《つく》っています。そのため、四年《よねん》に一度《いちど》、一年《いちねん》を一日《いちにち》ふやし、2月《がつ》を29日間《にちかん》とするうるう年《どし》として、ずれを調整《ちょうせい》しているのです。

行事《ぎょうじ》のなぞなぞ

記念日《きねんび》が四年《よねん》に一回《いっかい》しかこない野菜《やさい》って、なーんだ？

きせつなぞなぞ

苦《くる》しそうな声《こえ》をだしていそうな花《はな》って、なーんだ？

今日《きょう》はなんの日《ひ》なぞなぞ

2月《がつ》22日《にち》は、活躍《かつやく》してもがんばってもすがたを見《み》せちゃいけない人《ひと》たちの日《ひ》。さて、なんの日《ひ》？

メッセージなぞなぞ

ゆっくりコツコツと、努力《どりょく》して進《すす》む道《みち》って、なーに？

うるう年《どし》

行事《ぎょうじ》のなぞなぞ こたえ にんにく

四年《よねん》に一回《いっかい》しか来《こ》ない日《ひ》は、うるう年《どし》の2月《がつ》29日《にち》。この日《ひ》が記念日《きねんび》の野菜《やさい》はにんにく(2)にく(29)で、にんにくです。

解説《かいせつ》 にんにくは、ヒガンバナ科《か》の多年草《たねんそう》で、原産地《げんさんち》は中央《ちゅうおう》アジアといわれています。香《かお》りが強《つよ》いので香辛料《こうしんりょう》として有名《ゆうめい》です。おもに球根《きゅうこん》の部分《ぶぶん》を食《た》べますが、葉《は》や茎《くき》も食《た》べることができます。体《からだ》のつかれを回復《かいふく》する効果《こうか》があり、大《おお》むかしは薬《くすり》としても使《つか》われていました。

メッセージなぞなぞ こたえ

地道《じみち》

きせつなぞなぞ こたえ 梅《うめ》の花《はな》

苦《くる》しそうな声《こえ》の表現《ひょうげん》に「うめき声《ごえ》」があります。この声《こえ》から連想《れんそう》できる花《はな》は、梅《うめ》の花《はな》ですね。

解説《かいせつ》 梅《うめ》は1月《がつ》の末《すえ》から咲《さ》き始《はじ》め、2月《がつ》の中旬《ちゅうじゅん》に満開《まんかい》をむかえるものが多《おお》いです。このことから梅《うめ》は俳句《はいく》で2月《がつ》の季語《きご》です。バラ科《か》の植物《しょくぶつ》で、木《き》の高《たか》さは5~10mに成長《せいちょう》します。品種《ひんしゅ》によって赤《あか》や白《しろ》、ピンクの花《はな》を咲《さ》かせます。

今日《きょう》はなんの日《ひ》なぞなぞ こたえ 忍者《にんじゃ》の日《ひ》

むかし、お殿様《とのさま》の配下《はいか》に、手《て》がらを立《た》てても、秘密《ひみつ》にされた集団《しゅうだん》がいました。そういう人《ひと》たちを、忍者《にんじゃ》とよびました。こたえは、忍者《にんじゃ》です。

解説《かいせつ》 2月《がつ》22日《にち》は、忍者《にんじゃ》の忍《にん》、忍術《にんじゅつ》の忍《にん》を重《かさ》ねた「ニン(2)ニンニン(22)」のごろ合《あ》わせから忍者《にんじゃ》の日《ひ》です。忍者《にんじゃ》ショーをおこなっていた、株式会社《かぶしきがいしゃ》グラフィクスアンドデザイニングが、2015年《ねん》に定《さだ》めました。

3月《がつ》

3.1~3.10

ひな祭《まつ》り

3月《がつ》3日《みっか》のひな祭《まつ》りは、ひな人形《にんぎょう》をかざり、女《おんな》の子《こ》の成長《せいちょう》をねがって、お祝《いわ》いする行事《ぎょうじ》です。中国《ちゅうごく》のならわしが日本《にほん》に伝《つた》えられ、貴族《きぞく》の女《おんな》の子《こ》の「ひいな遊《あそ》び」とつなげられて、今《いま》のひな祭《まつ》りになったとされています。

行事《ぎょうじ》のなぞなぞ

からだに
ぴったり
くっつける
もちって、
なーに？

きせつなぞなぞ

黄色《きいろ》いぼうしのあとは、
白《しろ》のわたぼうし。
それから風《かぜ》に乗《の》って
フワフワ旅《たび》をする。
そんなわたしは
だれでしょう？

今日《きょう》はなんの日《ひ》なぞなぞ

3月《がつ》5日《いつか》は、こたえが
15になりそうな
ものの日《ひ》です。
さて、なんの日《ひ》？

メッセージなぞなぞ

ついていいのはおもち。
ついてはいけないものは？

3月《がつ》 3.1~3.10 ひな祭《まつ》り

行事《ぎょうじ》のなぞなぞ こたえ ひしもち

ぴったりくっつくことを「ひしと〜」とあらわすことがあります。このことからひしともちをくみあわせれば、こたえは、ひしもちです。

解説《かいせつ》 ひな祭《まつ》りにそなえられるひしもち。形《かたち》で目立《めだ》っている角《かど》は、ちぎって丸《まる》くして食《た》べると、角《かど》が立《た》たないので良《よ》いとされています。また、3色《しょく》にわかれているのは、赤《あか》が魔《ま》よけと先祖《せんぞ》への感謝《かんしゃ》の心《こころ》、白《しろ》が子孫繁栄《しそんはんえい》と長生《ながい》き、緑《みどり》が厄《やく》よけと健康《けんこう》、とそれぞれに意味《いみ》がこめられています。

メッセージなぞなぞ こたえ うそ

きせつなぞなぞ こたえ タンポポ

帽子《ぼうし》の変化《へんか》に注目《ちゅうもく》してください。そしてフワフワしてるから、軽《かる》そうです。そして植物《しょくぶつ》と考《かんが》えれば、こたえは、タンポポです。

解説《かいせつ》 タンポポはキク科《か》の草花《くさばな》で、3月《がつ》から4月《がつ》にかけて黄色《きいろ》い花《はな》を咲《さ》かせます。このことから、俳句《はいく》で3月《がつ》の季語《きご》になっています。タンポポの種《たね》は、冠毛《かんもう》といって風《かぜ》に乗《の》りやすいように、羽《はね》のような形《かたち》をしています。

今日《きょう》はなんの日《ひ》なぞなぞ こたえ サンゴの日《ひ》

こたえが15になるもので、すぐに思《おも》いうかぶのは九九《くく》です。その九九《くく》を別《べつ》のものに置《お》き換《か》えれば、こたえはサンゴです。

解説《かいせつ》 3月5日《がついつか》は「サン(3)ゴ(5)」のごろ合《あ》わせと、サンゴが3月《がつ》の誕生石《たんじょうせき》なので、サンゴの日《ひ》となりました。1996年《ねん》に公益財団法人世界自然保護基金《こうえきざいだんほうじんせかいしぜんほごききん》(WWF《ダブリューダブリューエフ》)が定《さだ》めました。

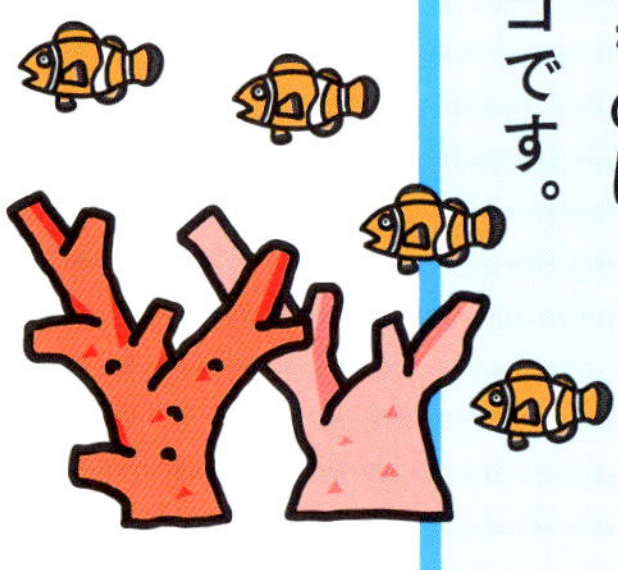

3月《がつ》 3.11~3.20

卒業式《そつぎょうしき》

春《はる》はわかれの季節《きせつ》。3月《がつ》の学校行事《がっこうぎょうじ》では、卒業式《そつぎょうしき》があります。学校《がっこう》の教育《きょういく》をすべてうけたことをお祝《いわ》いする卒業式《そつぎょうしき》は、卒業証書《そつぎょうしょうしょ》が受《う》けわたされるので、卒業証書《そつぎょうしょうしょ》授与式《じゅよしき》ともいわれています。卒業生《そつぎょうせい》はもちろん、在校生《ざいこうせい》、校長先生《こうちょうせんせい》などの言葉《ことば》に、涙《なみだ》がつきものの行事《ぎょうじ》です。

行事《ぎょうじ》のなぞなぞ

学校《がっこう》でよく聞《き》こえるとても価値《かち》の高《たか》いものって、なーに？

今日《きょう》はなんの日《ひ》なぞなぞ

3月《がつ》12日《にち》は、重《おも》くなるとうれしくて、軽《かる》くなるとこまるものの日《ひ》。さて、なんの日《ひ》？

七十二候《しちじゅうにこう》なぞなぞ

キャベツ農家《のうか》のやっかいものが、おとなになるころです。

メッセージなぞなぞ

つかれたらとりたいアルファベットふた文字《もじ》ってなーに？

卒業式《そつぎょうしき》

行事《ぎょうじ》のなぞなぞ こたえ 校歌《こうか》（高価《こうか》）

価値《かち》の高《たか》いことを「高価《こうか》」といいます。学校《がっこう》で聞《き》こえるものに、同《おな》じ言葉《ことば》がありますね。こたえは校歌《こうか》です。

解説《かいせつ》 校歌《こうか》には、学校《がっこう》の教育《きょういく》の考《かんが》え方《かた》や、子《こ》どもたちの今《いま》とこれからについてのねがい、地《ち》域《いき》の特色《とくしょく》などがこめられています。行事《ぎょうじ》などでたびたび歌《うた》うことでおぼえ、内容《ないよう》が身《み》に付《つ》いていきます。そして、卒業式《そつぎょうしき》で歌《うた》うときには、学《がっ》校《こう》への感謝《かんしゃ》の気持《きも》ちをあらわすことができます。

メッセージなぞなぞ こたえ きゅうけい（QK《キューケイ》）

今日《きょう》はなんの日《ひ》なぞなぞ こたえ サイフの日《ひ》

重《おも》くなるとは、量《りょう》がふえること。軽《かる》くなるのは減《へ》ることです。それをお金《かね》で考《かんが》えれば、こたえは、サイフです。

解説《かいせつ》 3月《がつ》12日《にち》のサイフの日《ひ》は、バッグ、サイフの商品《しょうひん》の企画《きかく》、販《はん》売《ばい》を手《て》がける、スタイル株式会社《かぶしきがいしゃ》が新《あたら》しい生活《せいかつ》が始《はじ》まる春《はる》に、持《も》ち物《もの》の買《か》いかえをよびかけるため制定《せいてい》しました。「サ（3）イフ（12）」のごろ合《あ》わせでもあります。

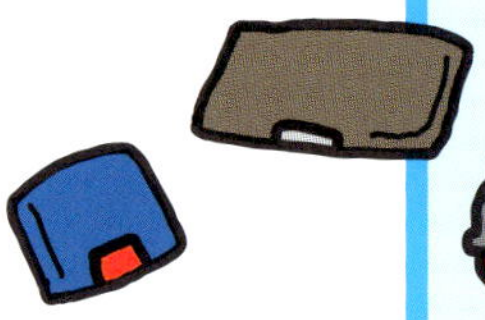

七十二候《しちじゅうにこう》なぞなぞ こたえ なむし

農家《のうか》の人《ひと》にとって「やっかいもの」とは？ ここをメインに考《かんが》えると、野菜《やさい》につく害虫《がいちゅう》＝なむしとなります。

解説《かいせつ》 3月《がつ》16日《にち》～3月《がつ》20日《はつか》のころは、七十二候《しちじゅうにこう》で「なむしちょうになる」といって、やさいに付《つ》いてる幼虫《ようちゅう》が、チョウになり、飛《と》び始《はじ》めるころです。春《はる》のおとずれを感《かん》じますね。

3月《がつ》 3.21~3.31

春分《しゅんぶん》の日《ひ》

春《しゅん》分《ぶん》の日《ひ》は、毎年《まいとし》3月《がつ》20日《はつか》～21日《にち》ごろの一日《いちにち》です。昼《ひる》と夜《よる》の長《なが》さが同《おな》じ日《ひ》となっています。この日《ひ》は国民《こくみん》の祝日《しゅくじつ》になっており、1948年《ねん》に公布《こうふ》、施行《しこう》されました。春分《しゅんぶん》の日《ひ》の前後《ぜんご》三日間《みっかかん》を「春《はる》のお彼岸《ひがん》」とよびます。

行事《ぎょうじ》のなぞなぞ

お彼岸《ひがん》の時期《じき》に、おそうじをして、お花《はな》のプレゼントをして、ろうそくを立《た》てて火《ひ》をつけるけど、誕生日《たんじょうび》パーティーじゃない。さて、なにをしているでしょう?

きせつなぞなぞ

「クシ」は「クシ」でも髪《かみ》の毛《け》に使《つか》わないで、春《はる》になると地面《じめん》から出《で》てくる「クシ」って、なーに?

今日《きょう》はなんの日《ひ》なぞなぞ

3月《がつ》31日《にち》は、しっぽが消《き》えた猛獣《もうじゅう》の日《ひ》。さて、なんの日《ひ》?

メッセージなぞなぞ

見《み》えないからこそ、チャレンジが大切《たいせつ》なものって、なーんだ?

春分《しゅんぶん》の日《ひ》

行事《ぎょうじ》のなぞなぞ こたえ お墓参《はかまい》り

お花《はな》のプレゼントやろうそくを立《た》てることとは？ ヒントはお彼岸《ひがん》です。ここに気《き》がつけば、こたえに、お墓参《はかまい》りが出《で》てきますね。

解説《かいせつ》 お墓参《はかまい》りにはいろいろな考《かんが》え方《かた》があります。そのひとつが、先祖《せんぞ》から代々《だいだい》伝《つた》わって、自分《じぶん》がいるということを知《し》る考《かんが》えです。先祖《せんぞ》がいなければ、自分《じぶん》はいないという意味《いみ》を知《し》り、あらためて先祖《せんぞ》に感謝《かんしゃ》して手《て》を合《あ》わせるのです。

メッセージなぞなぞ こたえ

未来《みらい》

きせつなぞなぞ こたえ ツクシ

「クシ」がつく名前《なまえ》のものが、地面《じめん》から春《はる》になると出《で》てきます。こたえは、ツクシですね。

解説《かいせつ》 3月《がつ》ごろから土手《どて》などに生《は》えてくるツクシは、シダ植物《しょくぶつ》のスギナの胞子《ほうし》を飛《と》ばす特別《とくべつ》な茎《くき》のことです。胞子《ほうし》を飛《と》ばして役目《やくめ》を終《お》えると、ツクシは枯《か》れてしまいます。そのイメージからか、花言葉《はなことば》は「向上心《こうじょうしん》」「努力《どりょく》」です。

今日《きょう》はなんの日《ひ》なぞなぞ こたえ オーケストラの日《ひ》

尻尾《しっぽ》が消《き》える、つまり「尾《お》」を「消《け》す」ですね。それに猛獣《もうじゅう》を組《く》み合《あ》わせます。一番《いちばん》ピッタリくるのはトラです。「尾消《おけ》す」トラで、こたえは、オーケストラの日《ひ》です。

解説《かいせつ》 3月《がつ》31日《にち》は「み（3）み（3）にいち（1）ばん」のごろ合《あ》わせから、オーケストラの日《ひ》です。２００７年《ねん》に、公益社団法人《こうえきしゃだんほうじん》日本《にほん》オーケストラ連盟《れんめい》によって、定《さだ》められました。「多《おお》くの人《ひと》に、オーケストラを身近《みぢか》に楽《たの》しんでもらう」という目的《もくてき》があります。

きせつの４コマなぞなぞ

２月《がつ》・３月《がつ》は、寒《さむ》い日《ひ》もあるけど、少《すこ》しだけ春《はる》のおとずれも感《かん》じるようになってきましたね。６年生《ねんせい》は卒業式《そつぎょうしき》もありますね。この本《ほん》もあと少《すこ》しで終わりです。最後《さいご》まで読《よ》んでくれてありがとうございます。それでは、問題《もんだい》のスタートです。

まだまだあるよ！

今日《きょう》はなんの日《ひ》なぞなぞ❶

2月《がつ》11日《にち》は、
口《ぐち》の中《なか》に玉《たま》を入《い》れて、
大《おお》きなものが作《つく》られた日《ひ》。
さて、なんの日《ひ》？

まだまだあるよ！

今日《きょう》はなんの日《ひ》なぞなぞ❷

3月《がつ》14日《か》、
「ハ・ヒ・フ・ヘ・イト」
デーって、
な～んだ？

2月《がつ》3月《がつ》

きせつの4コマなぞなぞこたえ

こたえ **アジフライの日《ひ》**

調味料《ちょうみりょう》がいらないということは、どういうことでしょう？味《あじ》がついたフライなのです。つまりアジフライですね。

解説《かいせつ》

3月《がつ》21日《にち》はアジフライの日《ひ》です。漢字《かんじ》で「鰺」は魚《さかな》へんに参《さん》＝3と、「フ（2）ライ（1）」のごろ合《あ》わせです。アジフライを販売《はんばい》する株式会社角屋食品《かぶしきがいしゃかどやしょくひん》が定《さだ》めました。アジフライの美味《おい》しさを広《ひろ》める目的《もくてき》があります。

まだまだあるよ！

今日《きょう》はなんの日《ひ》なぞなぞ1のこたえ

建国記念《けんこくきねん》の日《ひ》

「口《くち》」と「玉《たま》」を合《あ》わせたら「国《くに》」。それが作《つく》られた日《ひ》ですから、こたえは建国記念《けんこくきねん》の日《ひ》です。

解説《かいせつ》

建国記念《けんこくきねん》の日《ひ》は「建国《けんこく》をしのび、国《くに》を愛《あい》する心《こころ》を養《やしな》う」目的《もくてき》で、1967年《ねん》から実施《じっし》されている国民《こくみん》の祝日《しゅくじつ》です。もともとは廃止《はいし》になった紀元節《きげんせつ》（日本《にほん》の初代天皇《しょだいてんのう》、神武天皇《じんむてんのう》が即位《そくい》したとされる日《ひ》）の祝日《しゅくじつ》でした。

まだまだあるよ！

今日《きょう》はなんの日《ひ》なぞなぞ2のこたえ

ホワイトデー

「ハヒフヘ」のあとは「ホ」なのに「イト」になっています。「ホ」は「イト」で、こたえは「ホワイトデー」です。

解説《かいせつ》

3月《がつ》14日《か》のホワイトデーは、バレンタインデーのお返《かえ》しをする日《ひ》です。日本《にほん》で生《う》まれたイベントで、和菓子屋《わがしや》さんの石村萬盛堂《いしむらまんせいどう》が1978年《ねん》に始《はじ》めたといわれていますが、発祥《はっしょう》には諸説《しょせつ》あります。

なぞなぞのさくいん

あい

あきらめ（目《め》）……7
アジフライの日《ひ》……29
今《いま》……19

うえ

うそ……23
梅《うめ》の花《はな》……21
映画《えいが》の日《ひ》……3

お

オーケストラの日《ひ》……27
大晦日《おおみそか》（おーみそか！）……7
お年玉《としだま》……9
お墓参《はかまい》り……27

か

回文《かいぶん》の日《ひ》……15
過去《かこ》……11
かるた始《はじ》め式《しき》の日《ひ》……15
カレーの日《ひ》……13
漢字《かんじ》の日《ひ》……5

き

きゅうけい（QK《キューケイ》）……25

く

空気《くうき》……3
くつした……7
クロッカス（黒貨《くろか》す）……19

け

建国記念《けんこくきねん》の日《ひ》……29

こ

校歌《こうか》（高価《こうか》）……25
狛犬《こまいぬ》……13

さ

サイフの日《ひ》……25
鮭《さけ》……5
サンゴの日《ひ》……23

し

自信《じしん》（地震《じしん》）……13
地道《じみち》……21
除夜《じょや》の鐘《かね》……15

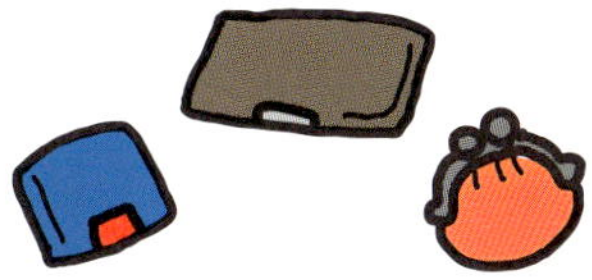

す

水仙《すいせん》（推薦《すいせん》）……13
スープの日《ひ》……7
スキーの日《ひ》……11

せ

成人式《せいじんしき》……11

そ

ぞうきん……5
空《そら》……3

たちつ

タンポポ……23
チョコレート……19
ツクシ……27

な

なむし……25

に

逃《に》げ道《みち》……17
忍者《にんじゃ》の日《ひ》……21
にんにく……21

の

のりの日《ひ》……17

は

ハッピー（法被《はっぴ》）……5
はるかぜ……17

ひ

ひしもち……23
110番《ばん》の日《ひ》……9

ふ

夫婦円満《ふうふえんまん》の日《ひ》……19
筆《ふで》……11

ほ

誇《ほこ》り（ホコリ）……9
ホワイトデー……29

まみむ

豆《まめ》……17
未来《みらい》……27
麦《むぎ》……9

ゆ

雪《ゆき》だるま……3

このみ・プラニング

1000万部を超える人気シリーズ「ぴょこたんのあたまのたいそう」の作者・このみひかるの制作を支えるプロダクションとして設立。のちに企画編集に携わり、『ぴょこたんのなぞなぞ1616』『はじめての　なぞなぞ　ぴょこたんと　あそぼう』（ともに、あかね書房）など多数をサポート。現在は、このみひかるの作品や遊び、世界観を継承しつつ、『超ムズ！　おばけめいろ』『超難問挑戦まちがいさがし 空飛ぶ魔法編』『ぴょこたんめいろ　おばけの町へGO！』（いずれも、あかね書房）、『新レインボーなぞなぞ大辞典　ダジャレ付き』(Gakken) など、遊びの本の作・制作・編集などを幅広く手がけている。

イラスト　柳 深雪
ブックデザイン　原田暁子
編集協力　高木信正
校正　文字工房燦光

NDC384
このみ・プラニング
校内放送《こうないほうそう》で役立《やくだ》つ！行事《ぎょうじ》のなぞなぞ
③ 12月《がつ》～3月《がつ》　行事《ぎょうじ》のなぞなぞ
あかね書房 2025年　31p　27cm × 22cm

校内放送で役立つ！行事のなぞなぞ
❸ 12月～3月 行事のなぞなぞ

2025年3月27日　初版発行

作　このみ・プラニング

発行者　岡本光晴
発行所　株式会社あかね書房
〒101-0065 東京都千代田区西神田3-2-1
電話　03-3263-0641（営業）03-3263-0644（編集）
印刷所　中央精版印刷株式会社
製本所　株式会社難波製本

ISBN978-4-251-09533-6
落丁本・乱丁本はお取りかえいたします。
https://www.akaneshobo.co.jp

校内放送《こうないほうそう》で役立《やくだ》つ！

行事《ぎょうじ》のなぞなぞ

作 このみ・プラニング

行事《ぎょうじ》を中心《ちゅうしん》に、記念日《きねんび》や学校《がっこう》まわりのものごとから出題《しゅつだい》し、
こたえあわせで解説《かいせつ》するなぞなぞブック。

❶ 4月《がつ》～7月《がつ》 行事《ぎょうじ》のなぞなぞ

1巻《かん》は入学式《にゅうがくしき》から海《うみ》の日《ひ》まで。

❷ 8月《がつ》～11月《がつ》 行事《ぎょうじ》のなぞなぞ

2巻《かん》は花火大会《はなびたいかい》から勤労感謝《きんろうかんしゃ》の日《ひ》まで。

❸ 12月《がつ》～3月《がつ》 行事《ぎょうじ》のなぞなぞ

3巻《かん》は大雪《たいせつ》から春分《しゅんぶん》の日《ひ》まで。